Pri Ferrari

COISA DE MENINO

Copyright do texto e das ilustrações © 2017 by Pri Ferrari

*Grafia atualizada segundo o Acordo Ortográfico da Língua
Portuguesa de 1990, que entrou em vigor no Brasil em 2009*

Revisão
LUCIANA BARALDI
FERNANDO WIZART

Tratamento de imagem
M GALLEGO · STUDIO DE ARTES GRÁFICAS

Dados Internacionais de Catalogação na Publicação (CIP)
(Câmara Brasileira do Livro, SP, Brasil)

Ferrari, Pri
    Coisa de menino / Pri Ferrari — 1ª ed. — São Paulo :
Companhia das Letrinhas, 2017

    ISBN 978-85-7406-800-8

    1. Literatura infantojuvenil I. Título.

17-06253   CDD-028.5

Índices para catálogo sistemático:
1. Literatura infantil 028.5
2. Literatura infantojuvenil 028.5

7ª reimpressão

Todos os direitos desta edição reservados à
EDITORA SCHWARCZ S.A.
Rua Bandeira Paulista, 702, cj. 32
04532-002 — São Paulo — SP — Brasil
☎ (11) 3707-3500
⌨ www.companhiadasletrinhas.com.br
⌨ www.blogdaletrinhas.com.br
f /companhiadasletrinhas
⌾ @companhiadasletrinhas
▶ /CanalLetrinhaZ

O QUE É COISA DE MENINO?

EXISTEM MENINOS QUE GOSTAM DE **DANÇAR**.
A GENTE DANÇA QUANDO NÃO CONSEGUE
EXPRESSAR A EMOÇÃO SÓ COM O ROSTO
E PRECISA USAR O CORPO INTEIRO.

TEM DANÇA QUE É LENTA, UM PASSINHO PRA LÁ E DOIS PRA CÁ. OUTRAS SÃO CHEIAS DE PULOS, COM REMELEXO E REQUEBRADO. E AINDA TEM DANÇA EM QUE A GENTE FICA NA PONTINHA DO PÉ.

A GENTE CUIDA QUANDO DÁ ÁGUA E LUZ PARA UMA PLANTINHA CRESCER, QUANDO EMPRESTA UM CASACO PARA UM AMIGO E O PROTEGE DO FRIO, QUANDO SE PREOCUPA COM UM CACHORRO DE RUA E DÁ ALGO PARA ELE COMER.

MENINOS PODEM SER BONS **AMIGOS**.
AMIZADE É FICAR FELIZ EM DIVIDIR O CHOCOLATE NO RECREIO.

AMIGOS GOSTAM DE FAZER MUITAS COISAS JUNTOS. COMO ASSISTIR A FILMES, FAZER LIÇÃO DE CASA, JOGAR BOLA, BRINCAR DE BONECA, DAR RISADA NOS DIAS BONS E APOIO NOS DIAS NÃO TÃO BONS ASSIM.

TEM MENINO QUE GOSTA DE **CORRER**.
CORRER É QUANDO ANDAMOS TÃO RÁPIDO QUE
NOSSOS PÉS QUASE NÃO TOCAM O CHÃO.

A GENTE CORRE O TEMPO TODO: PRA BRINCAR DE PEGA-PEGA, PRA DAR UM ABRAÇO EM QUEM GOSTAMOS OU PRA SENTIR O VENTO BATENDO NO ROSTO.

RESPEITO TAMBÉM É COISA DE MENINO.
RESPEITO É QUANDO A GENTE ENTENDE ONDE
A GENTE TERMINA E O OUTRO COMEÇA.

RESPEITO É OBSERVAR UM GATINHO DORMINDO E DEIXÁ-LO EM PAZ.
RESPEITO É ENTENDER QUE ÀS VEZES O AMIGO NÃO QUER BRINCAR.
RESPEITO É SABER QUE AS DIFERENÇAS EXISTEM NO MUNDO E SÃO
ELAS QUE FAZEM DELE UM LUGAR MELHOR PRA GENTE VIVER.

ALGUNS MENINOS **CRIAM**.
CRIAR É QUANDO UMA IDEIA QUE ESTAVA SÓ DENTRO
DA NOSSA CABEÇA É TRANSPORTADA PARA O MUNDO REAL.

ELES PODEM CRIAR UM QUADRO BEM COLORIDO,
UM PENTEADO DIVERTIDO OU UMA RECEITA DE BOLO DELICIOSA.

ÀS VEZES OS MENINOS FICAM **TRISTES**.
TRISTEZA É QUANDO O CORAÇÃO FICA PEQUENO
NO PEITO. TÃO PEQUENININHO QUE É PRECISO
UMA LUPA PARA ENCONTRÁ-LO.

QUANDO A GENTE FICA TRISTE, DÁ VONTADE DE FICAR SOZINHO, DE CONVERSAR COM ALGUÉM, DE CHORAR (MENINOS PODEM CHORAR SEMPRE QUE QUISEREM)... E, ÀS VEZES, TUDO O QUE A GENTE QUER É UM ABRAÇO.

MENINOS GOSTAM DE **CANTAR**.
CANTAR É FALAR COM O CORAÇÃO PARA TODO MUNDO OUVIR.

DÁ PRA CANTAR NO CHUVEIRO, JUNTO COM OS PASSARINHOS OU ATÉ PRA GRANDES PLATEIAS.

MUITOS MENINOS TÊM **TAREFAS**.
TAREFAS SÃO COISAS QUE A GENTE FAZ AGORA
PRA FICAR MAIS FELIZ DAQUI A POUCO.

A GENTE LEVA NOSSO PRATO ATÉ A COZINHA
AGORA PRA PODER TER A MESA LIVRE PRA DESENHAR DEPOIS.
A GENTE ARRUMA NOSSA CAMA AGORA PARA QUE À NOITE
ELA ESTEJA QUENTINHA E CONFORTÁVEL.

A GENTE PODE DIVIDIR UMA IDEIA BEM LEGAL
OU UM GUARDA-CHUVA EM DIA DE TEMPESTADE.
A GENTE DIVIDE PORQUE O MUNDO NÃO É MEU, É NOSSO.

MENINOS E MENINAS SÃO MAIS PARECIDOS DO QUE DIFERENTES.

COISA DE MENINO É TER O DIREITO DE AMAR, DANÇAR, REALIZAR SONHOS, VIVER AS MAIS INCRÍVEIS AVENTURAS, CHORAR, BRINCAR, CRIAR E LEVAR UMA VIDA COM LIBERDADE.

COISA DE MENINO
É TUDO AQUILO
QUE ELE QUISER.

ESTE LIVRO É DEDICADO AO MEU PAI E AO LEN,
MEUS MENINOS FAVORITOS.

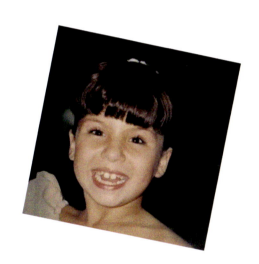

PRI FERRARI NASCEU EM 1989 E É PAULISTANA. DEPOIS DE ESCREVER E ILUSTRAR COISA DE MENINA, PUBLICADO EM 2016 PELA COMPANHIA DAS LETRINHAS, AGORA É A VEZ DE COISA DE MENINO, SEU SEGUNDO LIVRO INFANTIL. PRI ACREDITA QUE O MUNDO PODE SER UM LUGAR MELHOR E ESTÁ PRONTA PARA FAZER A SUA PARTE.

A MARCA FSC® É A GARANTIA DE QUE A MADEIRA UTILIZADA NA FABRICAÇÃO DO PAPEL DESTE LIVRO PROVÉM DE FLORESTAS QUE FORAM GERENCIADAS DE MANEIRA AMBIENTALMENTE CORRETA, SOCIAL- MENTE JUSTA E ECONOMICAMENTE VIÁVEL, ALÉM DE OUTRAS FONTES DE ORIGEM CONTROLADA.

ESTA OBRA FOI COMPOSTA EM LEMON YELLOW SUN E IMPRESSA EM OFSETE PELA LIS GRÁFICA SOBRE PAPEL COUCHÉ DESIGN MATTE DA SUZANO S.A. PARA A EDITORA SCHWARCZ EM FEVEREIRO DE 2024.